DESCRIPTION
DE LA FÊTE

Célébrée par les EMPLOYÉS de l'Administration des Domaines Nationaux,

En l'honneur des Martyrs de la Liberté.

Le PRIMIDI vingt-un Brumaire, An IIe de la République Française une et indivisible, les Employés de l'Administration des Domaines Nationaux s'étant rassemblés, à quatre heures de relevée, dans la Salle du Conseil, y ont trouvé les deux Représentans du Peuple chargés de surveiller ladite Administration, et les Députations du Département, de la Commune, de la Société des Amis de la Liberté et de l'Égalité, séante aux Jacobins, de la Section de Guillaume Tell, du Comité de Surveillance, du Comité Civil, de la Société Populaire de la même Section, et des Employés de la Trésorerie Nationale.

Là réunis, ils sont descendus dans la Cour intérieure de l'Administration. Un groupe d'Employés, au milieu duquel flottait la bannière tricolore *, surmontée du bonnet de la Liberté, ouvrait la marche. Les tambours précédaient ce groupe.

Ensuite venaient les Députations ci-dessus.

L'Administrateur, ayant à ses côtés le Doyen d'âge et le plus jeune de l'Administration, suivait immédiatement les Députations. Après lui marchaient tous les Employés, se tenant deux par le bras.

---

* Cette bannière a été arborée dans l'Administration le 26 février 1792 (vieux

Ce cortège défila ainsi dans la Cour, avec le plus grand ordre, et forma une vaste enceinte.

Des Musiciens, placés dans un char derrière l'arbre de la Liberté, exécutèrent des airs patriotiques, qui augmentèrent encore dans l'ame des Républicains le feu sacré de la Liberté.

Un autel simple avait été érigé, au milieu de l'enceinte, à la Déesse de la Liberté, Protectrice des Français.

L'encens et les parfums brûlaient sur l'autel; le pourtour de la Cour était décoré d'une tenture aux couleurs nationales, ornée de guirlandes, de couronnes de feuilles de chêne et de cocardes tricolores.

Entre le char et l'autel s'élevait majestueusement un peuplier entouré de fleurs, de rubans, et surmonté du bonnet rouge.

En avant de l'autel était élevée une estrade, sur laquelle était placé un tonneau rempli de vin, destiné à une libation civique, qui devait offrir le symbole de notre régénération.

Sur cette estrade était construite une tribune, où devaient se prononcer les Discours, Odes et Couplets faits par les Employés de l'Administration, en l'honneur de la Déesse de la Liberté et de ses Martyrs.

A chacune des croisées de la Cour flottait le drapeau national.

Neuf Républicains s'avançaient en silence vers l'autel. Quatre taient les Bustes de MARAT, LEPELLETIER, BRUTUS et ROUSSEAU. Quatre autres tenaient à leur main les couronnes destinées à ces grands hommes. Le neuvième portait une bannière surmontée d'une semblable couronne, avec cette inscription : A Challier, Beauvais, et autres Martyrs de la Liberté. Arrivés au pied de l'autel, ils y ont monté d'un pas respectueux, et y ont posé les quatre Bustes sur des socles préparés à cet effet. Après avoir couronné ces Bustes, et suspendu la bannière à l'arbre de la Liberté, ils ont été se réunir à leurs Frères.

Le Buste de Marat avait pour inscription :

> De ses tyrans la terre est-elle enfin purgée?
> Non.... Pleurons notre ami, sa mort n'est pas vengée.

celui de Pelletier :

> Les rois à l'univers ont fait assez de mal :
> De leur mort, Pelletier, la tienne est le signal.

celui de Brutus :

> L'habitant des rives du Tibre
> Gémissait sous le joug des rois;
> Il réclamait en vain ses droits :
> Brutus parut, Rome fut libre.

enfin celui de J. J. Rousseau :

> Rousseau nous représente un Patriote, un Sage;
> En lui l'humanité trouve un ferme soutien :
> Son nom sera la gloire de notre âge,
> Et ses mâles écrits forment le Citoyen.

Après cette première cérémonie, un Représentant du Peuple est monté à la tribune, et y a prononcé un Discours énergique et patriotique.

Plusieurs Employés ont monté successivement à cette tribune, pour y réciter et chanter des Odes et Couplets qu'ils avaient faits pour la Fête.

A l'enthousiasme que ces élans patriotiques avaient fait naître, et aux cris mille fois répétés de vive la République, vive la Montagne, succéda un profond silence. Les enfans aveugles exécutèrent alors une musique républicaine, qui excita de nouveaux transports.

Ces chants d'alégresse terminés, le Doyen d'âge, Président de la Fête, a offert aux Représentans du Peuple la coupe destinée à la libation. L'un d'eux, l'ayant prise, a puisé dans la fontaine de régénération, et a bu à la République. Ses Collègues et les Députations ont suivi son exemple.

Ensuite le Doyen d'âge a bu à la République, à la Montagne, aux Défenseurs de la Patrie, à la Raison et à la Liberté des Peuples. Les Employés ont reçu la coupe de ses mains, et ont, avec les Citoyens de garde, porté les mêmes santés.

Pendant la libation, l'un des Employés, au nom de ses Confrères, a remis aux Représentans du Peuple la somme de 1000 liv. en assignats, et plusieurs médailles, en les invitant à présenter ces objets à la Convention Nationale comme un nouveau gage de leur dévouement à la chose publique, pour être employées au secours des veuves et orphelins des Républicains morts pour la défense de la Patrie.

Les Députations et Employés s'étant respectivement donné le baiser fraternel, la Fête a été terminée par des danses autour de l'arbre de la Liberté.

CHRÉTIEN, PAJOT, LESUEUR, RUELLE, TASSET.

DISCOURS

PRONONCÉ à l'inauguration des Bustes de LEPELLETIER et de MARAT dans la Cour intérieure de l'Administration des Domaines Nationaux,

Le Primidi 21 Brumaire de l'An IIe. de la République une et indivisible.

PAR *le Citoyen* BESSON, *Représentant du Peuple, et l'un des Commissaires de la Convention Nationale pour surveiller les travaux de l'Administration.*

CITOYENS,

Nous sommes réunis pour célébrer la mémoire des généreux martyrs de la liberté. Il y a peu jours qu'ils étaient parmi nous. Nous les a entendus professer hautement et avec éner principes sacrés pour lesquels ils ont versé tout leur sang. De froides images seraient-elles tout ce qui nous reste de nos frères, de nos amis? Non, Citoyens, non. Leur esprit républicain, le feu sacré de la liberté qui les animait, ne sont pas anéantis; ils ont passé dans nos cœurs; ils les enflamment d'une ardeur nouvelle. Il n'est pas un seul d'entre nous dont l'ame, élevée au récit de leurs traits de courage et d'héroïsme, ne se sente la force de les imiter, de les venger, et ne desire d'en trouver l'occasion. Jugez, Citoyens, par les sentimens que leur mémoire vous inspire, de l'horreur que tout Républicain a vouée aux ennemis atroces de notre liberté, en apprenant le massacre horrible de ses défenseurs, de ses amis. Quel est le citoyen qui pourrait manquer de courage et d'ardeur en se rappelant ce qu'ont fait pour lui ses frères généreux? Quel est celui qui refusera pour la république son temps, ses talens, ⁙ veilles même, s'il est nécessaire, en se rappelant qu'ils ont donné tout leur sang pour la ⁙ne cause? Citoyens! nous ne sommes pas tous appelés à faire d'aussi grands sacrifices à la patrie : mais tous nous lui devons, dans le poste qui nous est confié, tous les moyens que la nature nous a donnés pour le bien remplir. La plupart de ceux qui m'écoutent occupent dans l'administration des domaines nationaux des places intéressantes. De cette branche de finances dépend l'affermissement de la liberté et de la république. Qu'ils aient sans cesse présent à l'esprit le généreux dévouement de nos illustres martyrs. Quels que soient leur exactitude, leurs soins, leurs travaux, leurs peines, ils ne surpasseront jamais le généreux dévouement de leurs illustres modèles; mais ils auront rempli leurs devoirs en faisant dans cette partie importante tout ce que leur patrie avoit droit d'attendre d'eux. Que cet amour sacré de la patrie devienne l'objet du culte de tous les Français; que les instans de la vie ne soient comptés à l'avenir que par les services rendus à la république. Notre patrie est tout pour nous, soyons tout pour elle. Que l'éternelle raison nous éclaire; que la vérité nous guide; c l'égalité et la fraternité nous unissent ; que tous nos intérêts confondus présentent à nos ennemis la montagne inaccessible aux esclaves. Là, dépouillés de tous les préjugés, délivrés de tous nos ennemis, nous jouirons en paix du bonheur des hommes libres. Voilà la république : Vive la République !

ODE

En l'honneur de MARAT, CHALLIER, PELLETIER, *Martyrs de la Liberté, et en celui des Défenseurs de la Patrie.*

   A DE MÉPRISABLES reliques
   Offrez des vœux et de l'encens;
   Restez ignorans, fanatiques,
   Vous qui rampez sous des tyrans.
Mais toi, peuple puissant, peuple fier, peuple sage,
Qui, honteux d'obéir, as su rompre tes fers,
A d'autres qu'aux héros refuse ton hommage :
Français, tu dois donner l'exemple à l'univers.

   DE MARAT la mâle éloquence
   Vous foudroya, vils intrigans;
   Son active surveillance
   Déconcerta les méchans.
Amis, pour le chanter, accordons notre lyre;
A l'odeur des parfums mêlons celle des fleurs;
Livrons-nous aux transports que son nom nous inspir
On ne peut à MARAT décerner trop d'honneurs.

Quel prix tu reçus de ton zèle,
Sensible et docte SAINT-FARGEAU !....
Sénateur intègre et fidèle,
Nos pleurs arrosent ton tombeau.
Assassins de CHALLIER, votre ville coupable
A brisé les liens de la fraternité;
Sa chute servira d'exemple mémorable,
Et transmettra son crime à la postérité.

O vous ! l'orgueil de la patrie,
Vaillans guerriers, jeunes héros,
Confondez une ligue impie;
Poursuivez vos nobles travaux.
Enfans, tonnez, frappez; bientôt, couvert de gloire,
Chacun de vous verra couronner ses exploits;
Et libre en ses foyers, au sein de la victoire,
Goûtera le bonheur que promettent nos lois.

Par le Citoyen Louis HUET.

COUPLETS.

Air : du Vaudeville des Visitandines.

Des rois tel était le système :
Plaire aux yeux sans rien dire aux cœurs;
Mais le bon Républicain aime
Les lois, la liberté, les mœurs;
Ses jeux sont l'école publique :
Accourez, filles et garçons;
Vous apprendrez, dans ses chansons,
La morale patriotique.

Lâches tyrans de toute espèce,
Vous avez comblé vos forfaits :
Le Français tiendra sa promesse;
Il rendra libres vos sujets.
En vain votre humeur assassine
Contre nous les arme en ce jour,
Craignez d'aller à votre tour
Visiter sainte Guillotine.

Pour vous, prêtres et fanatiques,
Cessez de nous prêcher l'erreur;
Vos menaces évangéliques,
C'en est fait, ne nous font plus peur :
Devenez citoyens et pères,
Brisez châsses et chapelets :
Les droits de l'homme, désormais,
Vont nous tenir lieu de prières.

———

Air : Charmantes fleurs, quittez les prés de Flore.

Républicains ! dans l'élan qui m'anime,
Ma voix voudrait former des sons touchans :
En secondant cet effort légitime,
La Liberté réchauffe mes accens.

De nos héros pour chanter la mémoire,
Vous élevez un autel en ces lieux;
Pour célébrer plus dignement leur gloire,
Amis, nos cœurs leur serviront bien mieux.

LEPELLETIER, si tu perdis la vie
En décernant le trépas aux tyrans,
Victime aussi d'une autre tyrannie,
MARAT périt du fer des intrigans.

MARTYR nouveau d'un jugement inique,
CHALLIER subit un arrêt criminel :
CHALLIER mourut pour notre République ;
Son échafaud est pour nous un autel.

HÉROS chéris ! en lisant votre vie,
Nos fils rendront un hommage éternel.
Quand on répand son sang pour la patrie,
C'est en mourant qu'on devient immortel.

LÉGISLATEURS de la France affranchie !
Sur ses destins veillez du haut des cieux ;
En assurant le sort de la patrie,
Vous jouirez du droit sacré des dieux.

Pour honorer votre digne mémoire,
Nos fils auront dans leurs cœurs, sous leurs yeux,
Pour monumens, vos bienfaits, votre gloire,
Et de David les tableaux précieux.

LIEGEARD.

Air : On compterait les diamans, etc.

La pique est un fier instrument
Entre les mains d'un Démocrate ;
La pique est un fier instrument
Qui met au pas l'Aristocrate :
La pique est un fier instrument
Qui nous obtiendra la victoire ;
La pique est un fier instrument
Qui fait à jamais notre gloire.

Le bonnet rouge est un bonnet
Comme on n'en porte pas à Rome ;
Le bonnet rouge est un bonnet
Qui nous rend libre et nous fait homme :

Le bonnet rouge est un bonnet,
Prêtres, qui fait sauter les vôtres ;
Le bonnet rouge est un bonnet
Qui fait la nique à tous les autres.

Le Sans-culotte est un luron
Dont l'cœur et l'bras sont énergiques ;
Le Sans-culotte est un luron
Qui . . . . brûle pour la république :
Le Sans-culotte est un luron,
Brave sur la terre et sur l'onde ;
Le Sans-culotte est un luron
Qui foutra l'tour aux rois du monde.

LAROCHE.

Air : du Vaudeville de Pierre-le-Grand.

Des martyrs de la liberté,
Amis, célébrons la mémoire,
Et qu'en tous lieux leur exemple cité
Porte nos succès et leur gloire :
Leur mort est due aux intrigans ;
Qu'ils aient tous le sort des tyrans !

(16)

Par vous les traîtres démasqués
Vous ont immolés à leur rage ;
Par-tout bientôt poursuivis, attaqués,
Leur sang lavera cet outrage.
Guerre éternelle aux intrigans !
Qu'ils aient tous le sort des tyrans !

Fédéraliste et Modéré,
Ton audace en vain nous affronte :
Laisse tomber un masque déchiré ;
Il ne peut plus cacher ta honte.
Les modérés, les intrigans,
Auront tous le sort des tyrans.

Le peuple entier forme un faisceau
Qu'à briser en vain on s'efforce,
Et chaque jour quelque lien nouveau,
En le serrant, accroît sa force :
Il poursuivra les intrigans ;
Tous auront le sort des tyrans.

Personne ici n'est excepté,
Les talens, le sexe, ni l'âge ;
Tous, à l'envi, servent la liberté,
Tous voudraient pouvoir davantage ;
Et les complots des intrigans
Leur vaudront le sort des tyrans.

Le père dit à ses enfans :
Ta victoire a pour nous des charmes ;
Comme des miens j'aurai soin de vos champs ;
Vos aînés forgeront vos armes.
N'épargnez pas les intrigans :
Qu'ils aient tous le sort des tyrans !

En travaillant pour son époux,
L'épouse embellit son absence ;
A profiter de l'exemple de tous,
Les vieillards instruisent l'enfance.
Dans tous les temps les intrigans
Subiront le sort des tyrans.

C

En vain contre nous conjurés,
Tous les rois nous livrent la guerre;
Par nous bientôt les peuples éclairés
Des rois sauront purger la terre;
Et s'ils font place aux intrigans,
Ils auront le sort des tyrans.

Pelletier, Marat et Challier,
Nos succès seront votre ouvrage,
Et du bonheur de l'univers entier
Nous vous devrons un jour l'hommage;
Vos noms, avec la liberté,
Iront à l'immortalité.

SEDAINE.

Air : de la Forêt Noire.

A l'arbre de la liberté,
Français, rendons hommage :
Ce sont nos bras qui l'ont planté,
Conservons notre ouvrage.

Nous l'avons vu fleurir et reverdir ;
C'est à nous de le maintenir.
Amis, je vous le dis, et vous pouvez m'en croire,
Vivre libre ou mourir, voilà notre gloire.

Sous l'arbre de la liberté
On ne craint pas l'orage ;
La foudre a toujours respecté
Son immortel feuillage.
S'il brave tous les élémens, les ouragans,
Que peuvent sur lui les tyrans ?
Amis, je vous le dis, et vous devez m'en croire,
Nous aurons, nous aurons complète victoire.

Pour l'arbre de la liberté,
Pour sa chère patrie,
Le bon Français a tout tenté,
Au péril de sa vie :
C'est en vain qu'on a le desir de l'asservir,
Il doit vivre libre ou mourir.
La France eut de tout temps, consultez-en l'histoire,
Une place honorable au temple de mémoire.

CHANSON CIVIQUE.

Air : de Chardini.

Un bon et franc Républicain
Dans chaque mortel voit un frère ;
Répétons le même refrain,
En buvant dans le même verre.
Sur l'autel de la liberté,
Célébrons la fraternité.

Dans les plaisirs, dans les combats,
Toujours unis, toujours en masse,
Mettons les Modérés au pas,
Qu'ils fassent ou non la grimace.
Sur l'autel de la liberté,
Buvons à la fraternité.

L'ARISTOCRATE croit en vain,
En fuyant, qu'il peut nous abattre :
Mais, puisqu'il a laissé son vin,
Nous le boirons pour le mieux battre.
Sur l'autel de la liberté,
Buvons à la fraternité.

DANS l'univers il n'est qu'un bien,
C'est la liberté qui le donne :
Sans elle, aucun mortel n'est rien ;
Il est tout, s'il brise le trône.
Buvons tous à la liberté ;
Buvons à la fraternité.

A CHAQUE peuple nous dirons :
Tu sers des projets sanguinaires ;
Esclave, nous te combattrons ;
Sois libre, et nous sommes tes frères.
Viens boire à la fraternité,
Sur l'autel de la liberté.

Dans tous les temps, et tour-à-tour,
Qu'à ses devoirs chacun s'applique :
En ce moment, l'ordre du jour
Est de boire à la république.
Sur l'autel de la liberté,
Buvons à la fraternité.

MONTAIGLON.

www.ingramcontent.com/pod-product-compliance
Lightning Source LLC
Chambersburg PA
CBHW070534050426
42451CB00013B/3000